Termes usuels du Marketing Internet

(version 2012)

AVANT PROPOS

Ce lexique de termes usuels non exhaustif vise à faciliter la lecture de la presse spécialisée ou d'ouvrages marketing utilisant les termes et les sigles propres à ce secteur d'activité.

Il s'adresse également à tous ceux qui ont besoin de comprendre et de s'approprier le vocabulaire du marketing internet

Il sera en particulier utile aux étudiants et à tout ceux qui suivent une formation incluant un module marketing internet.

A

A.A.C.C (Association des Agences Conseils en Communication)

Organisation professionnelle qui regroupe et défend les intérêts des agences de communication généralistes ou spécialisées. L'A.A.C.C. comprend une commission dédiée aux problématiques du marketing direct.

A.I.D.A.

Acronyme reprenant les différentes phases théoriques du déroulement d'une offre commerciale. Attirer l'Attention - Susciter l'Intérêt - Provoquer le Désir - Inciter à l'Action. Dans le cadre d'un e-mail commercial, l'attention et l'intérêt sont généralement suscités par l'objet et le début du corps du message, le désir provoqué par l'argumentation commerciale alors que l'incitation à l'action se fait dans le corps du message et sur les pages de renvoi.

A.S.P. (Application service providing / provider)

Un service ou logiciel A.S.P. est une application qui n'est pas hébergée chez l'utilisateur client mais utilisée à distance par une interface web sur les serveurs du fournisseur de service. Une bonne partie des solutions professionnelles de diffusion d'e-mails et des serveurs publicitaires sont utilisées sous la forme A.S.P. La conception, l'envoi et la consultation des résultats de campagne se font à travers l'interface d'un navigateur Internet sur les serveurs du prestataire. Le mode ASP permet notamment d'être dégagé des contraintes techniques et de bénéficier automatiquement des évolutions de l'outil.

Abandon de caddie

Phénomène par lequel le visiteur d'un site marchand ne va finalement pas passer commande après avoir placer des produits dans son caddie ou panier. Un taux d'abandon de caddie anormalement élève peut être le signe d'un problème ergonomique dans le processus de commande ou d'un manque d'informations contextuelles relative à la commande.

Above the fold

Anglicisme sans équivalent français désignant la problématique de visualisation du contenu d'un site sans avoir à utiliser les ascenseurs verticaux, voire horizontaux. La partie « above the fold » est donc la partie immédiatement visible sans scrolling qui hélas pour les créateurs de sites varie en fonction de la taille d'écran et de la configuration. La problématique est la même pour le contenu d'un e-mail. L'expression tire son origine de la presse car pour un journal, la partie vue par l'acheteur potentiel se situe au dessus du pli (fold) lorsque le journal est sur un présentoir.

Accélérateur

Un accélérateur est une promesse de prime ou d'avantage supplémentaire qui a pour but de favoriser une réponse rapide à un publipostage. Ex : « Les dix premières réponses se verront remettre une clé usb » ou « Toute réponse avant le .. ». Il peut être utilisé dans le cadre de campagnes d'e-mail marketing ou sur des pages web de transformation.

Accesibilité produit

L'accessibilité produit désigne généralement la problématique de localisation d'un produit sur un site Internet. Elle est généralement optimisée par le biais du nommage et de l'organisation des rubriques et menus, mais également par la mise en place d'un moteur de recherche interne performant. Comme pour un point de vente physique, une mauvaise accessibilité se traduit par des pertes de ventes.

Access Panel

Panel monté par une société d'étude et disponible pour des interrogations sur mesure en fonction du profil de l'échantillon recherché par le client. Les access panels composés d'Internautes qualifiés et qui peuvent parfois compter plus de 100 000 membres se sont multipliés car leur usage présente des avantages en termes de coûts et de délais.

Accroche

Phrase courte figurant au début du corps de l'e-mail pour attirer l'attention du destinataire sur l'offre proposée. L'accroche peut également être utilisée dans l'objet du message pour en favoriser l'ouverture.

Achat de mots clé

Pratique par laquelle un annonceur peut s'assurer d'une position favorable dans les pages de résultats des outils de recherche en enchérissant sur les mots clés correspondant aux requêtes sur lesquelles il souhaite être présent. Il est généralement facturé du montant de l'enchère lorsque le lien acheté est utilisé (cliqué) par un internaute. L'enchère peut être faite auprès de l'outil en ce qui concerne Google ou chez des intermédiaires spécialisés..

Achat groupé

Lancé en France en 1999 par des acteurs comme Clust le modèle de l'achat groupé avait pour ambition de profiter des spécificités d'Internet (e-mail, dimension communautaire, absence de frontières géographiques,..) pour regrouper des offres d'achats afin de faire baisser les prix sur différents services et biens d'équipement. Le modèle a du être abandonné lorsque tout le monde a pris conscience, qu'il ne pouvait en fait lutter avec la puissance des centrales d'achats enseignes de distribution.

Ad blocker

Petit logiciel incorporé au navigateur d'un internaute qui empêche l'affichage des bandeaux publicitaires. Considéré un temps comme une menace éventuelle pour la publicité en ligne, son usage est en fait resté très marginal.

Ad impressions

Synonyme d'expositions publicitaires, il s'agit du nombre de fois ou une publicité s'affiche au sein d'une page web consultée par un visiteur. Cet indicateur s'approche de la notion d'occasion de voir utilisée dans le domaine de l'affichage.

Ad request

Lors d'une requête sur une page éditoriale sur produit un appel auprès du serveur publicitaire pour chacun des objets publicitaires destinés à cette page. Pour un objet publicitaire, le nombre d'ad request est supérieur aux expositions car la page peut être abandonnée avant que le bandeau s'affiche.

Ad serving latency

Temps de latence pouvant être perçu avant l'apparition d'un bandeau et qui est généralement provoqué par l'utilisation d'un ou plusieurs redirects à partir de l'adserver gérant le tag publicitaire initial.

Adresse (URL)

Désigne généralement la chaîne de caractère à saisir dans la barre d'adresses d'un navigateur pour accéder à un site ou une page web. Pour l'accès à la page d'accueil d'un site, l'adresse est généralement constituée du nom de domaine précédé des WWW.

Adresse électronique

Permet l'acheminement du courrier électronique. Elle est en général composée du

nom d'utilisateur et du nom du fournisseur d'accès séparés par le symbole @.
Exemple : john@yahoo.fr

Adresse IP

Chaque machine utilise une adresse IP de la forme 123.46.80.360 lors d'une connexion Internet. C'est cette adresse qui permet au serveur de savoir ou envoyer les fichiers. Les adresses IP peuvent être utilisées à des fins de ciblage marketing ou publicitaire. La localisation d'une adresse IP peut par exemple permettre d'afficher dynamiquement un contenu dans la langue supposée du visiteur ou d'afficher un bandeau spécifique.

Adresse IP dynamique

Lorsqu'une machine ou un abonné ne dispose pas d'un accès fixe à Internet. Son fournisseur d'accès lui attribue une nouvelle adresse IP à chaque connexion. On parle alors d'adresse IP dynamique. Celle-ci ne permet donc pas l'identification d'une machine d'une session à l'autre.

Adresse IP fixe

Une adresse IP est dite fixe quand elle est attribuée de manière permanente à une machine dans le cadre d'une liaison fixe à Internet. Elle permet alors théoriquement l'identification de la machine.

Adresse piège

(location) Dans le contexte de location d'un fichier e-mail, le propriétaire d'un fichier insère dans son fichier des adresses qu'il contrôle pour pouvoir détecter des usages illégitimes ou non déclarés de son fichier. La pratique est surtout utilisée lorsque le fichier transite entre les mains de tiers (routeurs, spécialistes du traitement, brokers,..).

Adresse piège (spam)

Dans le contexte de lutte contre le spam, une adresse piège est une adresse placée sur espace public d'Internet et qui n'est pas utilisée dans un autre contexte. Tout message arrivant sur cette adresse est par définition un message de spam. Une adresse piège peut également être uniquement utilisée pour s'abonner à une newsletter ou un service en ligne particulier. D'autres messages que ceux relatifs à cette unique inscription seront le signe que l'adresse a été probablement vendue ou louée à un tiers.

Adresse réponse

L'adresse réponse est l'adresse électronique utilisée automatiquement par le logiciel de messagerie lorsque le destinataire d'un e-mail utilise la fonction « répondre ». Elle doit être le plus souvent configurée avant émission d'un message de façon à ce que les réponses ne parviennent pas au prestataire technique émetteur mais à l'annonceur utilisateur de la plate-forme de diffusion. Dans le cadre d'une diffusion interne, elle peut également être utilisée pour que les réponses ne parviennent pas au responsable technique émetteur mais à un responsable de la relation client.

Adserver (serveur publicitaire)

Logiciel de gestion de campagne publicitaire qui permet de programmer l'affichage dynamique des objets publicitaires dans les espaces prévus sur les pages éditoriales et qui fourni les statistiques de campagne qui peuvent être consultées par les différents acteurs concernés. Les adservers les plus connus sont Dart de Doubleclick et Open adstream de Real Media.

ADSL

(Asymetric Digital Subscriber Line) Mode d'accès Internet s'effectuant en haut et moyen débit, généralement entre 1024 et 128 kb. Son développement auprès du grand public impacte les actions marketing et publicitaires sur Internet, car les abonnés haut débit sont plus actifs et peuvent plus facilement visualiser des contenus riches.

Advance Message

Bref originellement envoyé à ses destinataires au format carte (advance card) ou par fax quelques jours avant la réception de l'offre commerciale dans un but de teasing. Par son coût, l'e-mail peut être un canal intéressant d'expédition d'advance messages lorsqu'un fichier prospect combine adresse postale et adresse e-mail.

Advergaming

L'advergaming est le point de rencontre entre le jeu et la publicité. Il s'agit d'utiliser un jeu à des fins publicitaires. Le jeu » peut être consacré exclusivement à l'univers de la marque ou alors la marque peut être intégrée dans un jeu qui n'est pas créé à son initiative dans une logique de sponsoring.

Advertainment

Réunion des termes advertising et entertainment, il s'agit d'un support Internet présentant à la fois une dimension publicitaire et une dimension ludique son audience. Les jeux mettant en scène une marque ou les films publicitaires humoristiques promus sur Internet peuvent être considérés comme des formes d'advertainment.

Adware

Petit logiciel qui est le plus souvent installé à l'insu de l'Internaute lorsque celui-ci installe un logiciel Peer to Peer de type Kazaa ou Morpheus. Ce petit logiciel va ensuite provoquer un affichage de liens pu-

blicitaires contextuels lorsque certains mots achetés par des annonceurs sont présent dans le contenu éditorial des sites visités. Le plus connus des adware est Gator.

Affilié

Site partenaire d'un site marchand ou commercial dans le cadre d'un contrat ou programme d'affiliation.

Affiliation

L'affiliation est le principe par lequel un site marchand ou commercial propose à un réseau de sites partenaires affiliés de promouvoir par le biais de bandeaux ou de liens textes ses produits ou ses services. Selon les cas, les affiliés sont rémunérés par une commission sur les ventes, les visites ou les contact commerciaux générés à partir de leur liens. Début 2003 Amazon comptait plus de 500 000 sites affiliés.

Affinité

Utilisée en média-planning, l'affinité d'un site sur une cible mesure la proportion de l'audience d'un site appartenant à la cible visée. Un site présentant une bonne affinité avec la cible permet de maximiser la part d'audience utile dans l'audience totale touchée lors d'une campagne sur un support. Un site comme Aufeminin.com est par exemple le site présentant la meilleure affinitée sur la cible femmes 25/35 ans.

Affluents

Sur une interface de mesure d'audience, les affluents désignent généralement , l'ensemble des sources de visites hors accès direct. Les affluents sont donc généralement les moteurs de recherche et les liens.

Agent conversationnel

Personnage virtuel qui répond sous forme de chat aux questions des visiteurs d'un site web. L'agent conversationnel combine un moteur d'intelligence artificielle qui gère les questions et les réponses et un avatar graphique qui « humanise » la relation.

Agent de recommandations

Agent dit intelligent qui grâce au principe de la connaissance tribale est capable de formuler des recommandations d'achats devant correspondre aux goûts du visiteur d'un site. Ces agents sont surtout utilisés sur des sites de livres, vidéos ou cédéroms musicaux mais peuvent être également utilisés dans d'autres domaines.

Agent intelligent

Petit programme qui parcourt les réseaux à la recherche d'une information prédéfinie par l'utilisateur et qui est capable d'affiner ses recherches par un processus d'apprentissage. Certains agents peuvent ainsi faire de la veille technologique ou concurrentielle. Des agents intelligents peuvent également établir des profils de visiteurs par leur déclarations et leur itinéraires de visite.

Agent name delivery

Forme de cloaking qui consiste à présenter de manière dynamique une page optimisée spécifique aux robots des moteurs de recherche et une version différente de la page aux visiteurs humains. Cette attribution dynamique se fait à partir du HTTP user agent identifié lors de la requête de la page. A l'origine les robots des moteurs avaient un user agent spécifique et différent de celui des navigateurs utilisés par les internautes qui commencent par Mozilla. Actuellement de nombreux robots de moteurs se camouflent sous un agent de type Mozilla et la pratique devient beaucoup moins fiable.

Agent virtuel

Personnage virtuel, doté le plus souvent de la parole, et utilisé lors de l'accueil sur un site, lors d'un argumentaire produit ou lors d'un processus d'aide. En charge de l'humanisation de la relation avec le visiteur, il peut être éventuellement capable de répondre à des questions saisie au clavier.

Alerte e-mail

Envoi d'un courrier électronique automatisé à partir d'une demande d'alerte spécifiée par l'internaute. Cette demande peut porter sur une date anniversaire, une disponibilité produit ou un franchissement de valeur. Les alertes sont par exemple fréquemment utilisées dans le domaine de l'immobilier et des offres d'emplois.

Algorithme

Mode de traitement et d'analyse des pages web utilisé par les moteur de recherche pour leur attribuer des scores de pertinence.

Algorithme de correction

Mode de traitement et d'analyse automatique des adresses e-mail qui permet de corriger les erreurs les plus fréquentes portant sur la partie droite d'une adresse (Domaine et extension).

Algorithme de pertinence

Méthode de calcul utilisée par les outils de recherche pour attribuer un score de pertinence correspond à un mot clé pour une page web . Sur une requête correspondant au mots clé, l'outil de recherche affiche ensuite les pages dans l'ordre décroissant des scores de pertinence. Les différents algorithme utilisés prennent généralement en compte le contenu visible et invisible des pages mais également la présence de liens pointant vers celle-ci.

Alternate text

Situé dans une balise HTML, l'alternate text est un mot ou une phrase qui s'affiche lorsqu'un visiteur a désactivé la fonction d'affichage des images. Son utilisation est surtout intéressante car ce texte est pris en compte par les algorithme des outils de recherche.

Analyse du verbatim

L'analyse du verbatim permet par différentes méthodes (analyse lexicale, étude sémiologique,..) de dégager à partir des propos tenus, les attentes, attitudes et jugements émis par la population étudiée (voir définition du verbatim). Sur Internet, l'analyse du verbatim porte généralement sur les résultats d'une enquête en ligne, des contenus des e-mails entrants ou des contenus des forums.

Analyse lexicale

Technique qui permet d'obtenir les représentations d'un produit ou service à partir des mots associés. Les e-mails entrant se prêtent particulièrement bien à une analyse lexicale car ils ne nécessitent pas de saisie pour le traitement. L'analyse lexicale est utilisée par certains package d'audit de sites et par les outils de traitements des e-mails entrants. L'analyse lexicale peut se faire également à partir des contenus des forums.

Analyse sémantique

Technique proche de l'analyse lexicale, mais au lieu de se faire au niveau des mots l'analyse se fait sur la sémantique des phrases pour déterminer le sens des écrits. Comme pour l'analyse lexicale, l'analyse sémantique peut être utilisée pour analyser des e-mails entrants ou des contenus de forums.

Analyseur de densité

Logiciel donnant des scores de densité d'une page à partir d'un mot ou expression clé. Ce type de logiciel peut être utili-

sé pour optimiser la qualité d'une page satellite en vue du référencement et pour essayer de cerner la densité optimale pour chaque moteur en pesant les pages les mieux placées sur un mot clé

Annonceur

Société pour laquelle est réalisée une campagne de publicité ou de marketing direct.

Annonceur captif

Un annonceur est considéré comme captif par rapport à un média ou support lorsqu'il ne peut se passer de ce support ou média pour toucher sa cible. Un éditeur de logiciels relatifs à Internet est ainsi captif du média Internet et des supports presse spécialisés. En phase de développement de leur marché, les courtiers en ligne étaient les annonceurs captifs du site Boursorama.

Annuaire de recherche

Site qui référence un très grand nombre de site en les classant par catégories. Le visiteur qui effectue une recherche peut taper un mot clé ou descendre dans l'arborescence des catégories. L'annuaire le plus connu est Yahoo !.

Appelé l'action

Petit texte percutant qui au sein d'une publicité, d'un e-mail ou d'une landing page incite l'internaute, en utilisant généralement un verbe d'action, à effectuer l'action recherchée. Cliquez ici ! Commandez, Je m'inscris,..

Appending (Enrichissement)

Opération par laquelle on cherche à obtenir de nouveaux champs pour les enregistrements d'un fichier. L'enrichissement peut se faire directement auprès des membres du fichier par téléphone, par une interface web ou dans le corps d'un e-mail, mais il peut également se faire par rapprochement auprès d'un autre fichier comportant en partie les mêmes individus et les champs de qualification recherchés. Voir aussi e-mail appending.

Applet

Petit programme inséré dans une page web qui est exécuté par les navigateurs compatibles. Les plus répandues sont les applets Java. Les applets ne sont pas stockées sur le disque dur de l'internaute, elles sont donc appelées à chaque consultation sur le serveur.

ARF (modèle d'harvey)

Le modèle ARF (advertising research foundation) est un modèle en 12 étapes d'évaluation d'une campagne publicitaire. B. Harvey en propose une adaptation pour évaluer l'efficacité d'une campagne sur Internet.

Assistant d'achats (comparateurs de prix, shopbot)

Service en ligne ou logiciel qui à partir d'une requête portant sur un produit ou service (livre, CD, logiciel, trajet avion..), va établir une liste des sites proposant ce produit. La liste des propositions est généralement présentée par ordre de prix décroissant et comporte les autres conditions de vente (livraison, paiement, etc..) ainsi que des liens directs vers les sites vendeurs. Ces sites ou services sont financés par la publicité et des programmes de partenariats avec les sites vers lesquels ils renvoient.

Associates program

Programme par lequel un site marchand ou commercial propose à un réseau de sites partenaires affiliés de promouvoir par le biais de bandeaux ou de liens textes, ses produits ou ses services. Selon les cas, les affiliés sont rémunérés par une commission sur les ventes, les visites ou les contact commerciaux générés à partir de leur liens.

Attrition (churn)

Perte de clientèle ou d'abonnés. Le phénomène est généralement mesuré par le taux d'attrition (churn rate). Dans le domaine du marketing interactif, il est ainsi important de s'intéresser aux taux d'attrition des mailing listes. Un taux d'attrition important peut être un signe de contenu ne correspondant pas aux attentes ou être du à une fréquence de diffusion trop élevée.

Attrition constaté

Phénomène constaté par lequel des abonnés à une liste de diffusion se désabonnent en suivant les procédures classi-

ques de désabonnement proposées par le gestionnaire de la liste d'abonnés. L'attrition constatée est normalement fournie par l'interface de reporting de la solution de diffusion. Il est important dans la gestion d'une lettre d'information par e-mail de distinguer l'attrition constatée de l'attrition réelle.

Attrition réelle

L'attrition réelle regroupe l'attrition constatée plus les phénomènes de désabonnement réels (mise en place d'un filtrage au niveau du service ou logiciel de messagerie) ou virtuels (suppression manuelle immédiate et systématique des messages provenant d'un annonceur) qui ne peuvent être directement identifiés et mesurés par l'émetteur des messages.

Audience

Ensemble des personnes exposé a un message publicitaire ou ensemble des visiteurs d'un site web sur une période donnée.

Audience reach (Couverture, reach)

Proportion des internautes visitant un site sur une période donnée. Si le reach mensuel de FNAC.com est de 5 % cela signifie que chaque mois 5 % des internautes français se rendent au moins une fois sur le site. La couverture est une donnée fournie par les panels.

L'audience utile

C'est la partie de l'audience d'une campagne qui appartient à la cible. Si l'audience totale d'un site support est de 100 000 personnes, est composée pour 75 % d'hommes et si le message publicitaire vise exclusivement les hommes alors l'audience utile est de 75 000.

Audit de campagne

Sur une demande de l'annonceur ou de son agence, certification par un tiers des données chiffrées relative à une campagne de publicité.

Audit de référencement (audit de positionnement)

L'audit de référencement est un bilan de présence d'un site dans les moteurs et annuaires. La présence d'un site va être évaluée dans les catégories prédéfinies par les annuaires mais également à l'appel des mots clés susceptibles d'être utilisés par les prospects. L'ordre d'apparition est également précisé lors de l'audit. L'audit peut être complété par un comparatif du référencement des sites concurrents. Il peut être également évalué par la méthode du scoring de référencement.

Audit de site

L'audit de site a pour but d'évaluer l'ergonomie, le design et l'efficacité commerciale et marketing d'un site web. Il est en général élaboré à partir d'études quantitatives (enquêtes en ligne) et qualitatives (entretiens, visites test) et éventuellement par analyse des comportements de visite.

Auto administration

Mode d'administration d'un questionnaire par lequel l'individu interrogé rempli lui même le formulaire d'enquête. Les enquêtes quantitatives en ligne se font par auto-administration, ce qui induit l'absence d'un enquêteur et présente des avantages mais aussi des inconvénients selon le type d'études.

Auto-devis

Système par lequel un client ou prospect internaute va choisir lui-même les différentes options de son produit avec un ajustement en temps réel du prix. L'auto-devis est notamment utilisé pour les configurations informatiques, les voitures ou les produits d'assurance.

Automation marketing (marketing automatisé)

Techniques d'automatisation qui permettent le déclenchement et le déroulement de campagnes marketing quasiment sans intervention humaine. L'e-mail se prête particulièrement bien à des actions de marketing automatisé avec des séquen-

ces de messages pouvant suivre un téléchargement, une demande de documentation ou être liées à une date anniversaire.

Autopromotion

Principe par lequel un site support utilise son inventaire publicitaire invendu pour afficher ses propres objets publicitaires à des fin d'autopromotion de ses produits ou services.

Autorépondeur (autoresponder)

Logiciel qui permet d'envoyer automatiquement et immédiatement des courriers électroniques d'information aux prospects qui en font la demande en répondant à un publipostage électronique. Cette demande d'information peut se faire d'un simple clic dans le publipostage de départ ou par l'envoi d'un e-mail à l'adresse de l'autorépondeur.

B

B.A.T.

Le B.A.T. ou « bon a tirer » est document d'impression soumis au commanditaire pour accord avant le tirage. Dans le contexte e-mail, il s'agit d'un envoi test du message que l'annonceur ou son agence valide avant le déclenchement de la campagne.

Base de données marketing

Ensemble des données disponibles sur les clients et / ou les propects (profil quantitatif et qualitatif des achats, occasions de contacts avec l'entreprise...) qui permettent de personnaliser et d'anticiper les relations avec eux. Cette base de données peut être alimentée par le front ou le back office (Voir ces mots).

Black liste

Dans le domaine de l'e-mail, une black list est une liste de domaines de serveurs de messageries ou de sociétés qui sont identifiés comme points de départ de campa-

gnes de spamming. Ces black listes sont utilisées par un grand nombre de gestionnaires de serveurs de messageries pour filtrer ou supprimer automatiquement les messages provenant
des domaines ou serveurs listés.

Bounces

Les bounces sont l'équivalent des N.P.A.I. (n'habite pas à l'adresse indiquée) postaux dans le domaine de l'e-mail. Il s'agit de messages d'erreur ou d'échec envoyés par le serveur du domaine destinataire d'un message au serveur de messagerie émetteur de la campagne d'e-mailing ou par le serveur sortant. On distingue généralement les « hard bounces » qui sont des erreurs définitives des « soft bounces » qui sont des erreurs de remises ne pouvant être que temporaires. Voir pour plus de détails « soft bounces » et « hard bounces ».

Broker (Courtier adresses)

Ce sont des acteurs dont le but est de conseiller les annonceurs dans le domaine des campagnes de marketing direct. Ils assurent le conseil dans le do-

maine de la recherche et de la sélection de fichiers de marketing direct en établissant des plans fichiers. Certains courtiers peuvent également avoir négocié une exclusivité avec les propriétaires pour la location de certains fichiers e-mails. Les courtiers traditionnels ont naturellement intégrer une activité dans le domaine de l'e-mail marketing.

Bulk e-mail

Littéralement « courrier électronique en grosse quantité ». Synonyme de spam.

Bus e-mailing

Message de courrier électronique reprenant plusieurs offres commerciales d'entreprises généralement non concurrentes selon le principe traditionnel du bus mailing. La technique permet de mutualiser les coûts d'une campagne mais l'attention accordée à chaque annonceur est moindre que dans le cas d'un message spécifique.

C

Cadeau trafic

Offre d'un cadeau de faible valeur qui figure dans un e-mail promotionnel et qui permet d'inciter le destinataire à se rendre sur un point de vente afin obtenir son cadeau. Si le cadeau a une forme numérique il peut servir à favoriser la visite d'un site web.

Call to actions

Petit texte percutant qui au sein d'un e-mail ou d'une landing page incite l'internaute, en utilisant généralement un verbe d'action, à effectuer l'action recherchée. Cliquez ici ! Commandez, Je m'inscris,..

Canal de réponse

Canal marketing utilisé par le destinataire pour répondre à une sollicitation commerciale. Le canal de réponse d'un e-mail peut être l'e-mail, le web mais également un numéro vert ou un point de vente.

Challenge response

Méthode de filtrage des e-mails qui consiste à demander à l'émetteur d'un message de remplir un formulaire d'identification / autorisation qui est ensuite soumis au destinataire. Normalement, le challenge response est imposé aux expéditeurs dont l'adresse ne figure pas dans le carnet d'adresses du destinataire. La pratique vise à décourager les spammers car elle ne peut être automatisée mais elle risque de décourager ou de gêner aussi les expéditeurs légitimes.

Champs

C'est une des sous-parties d'un enregistrement informatique au sein d'une base de données ou fichier clients ou prospects. Pour une campagne e-mail, un fichier « sec » ne comprend que le champ e-mail alors qu'un fichier plus qualifié comprendra les champs nom, prénom, e-mail, âge, etc....

Champs de personnalisation (ou tag de personnalisation)

Espace de personnalisation présent dans un e-mail type ou dans le code type d'une page web. Après fusion ou identification du visiteur par le recours à une base de donnée, le contenu personnalisé vient remplacer les champs de personnalisation. « Bonjour [title] [nom] » donnera par exemple « Bonjour Monsieur Durand », [title] et [nom] sont des champs ou tags de personnalisation.

Champs expéditeur

Le champs expéditeur ou « de » figurant dans un message e-mail permet au destinataire d'identifier l'émetteur d'un message. Son contenu doit être optimisé car il impacte fortement la probabilité d'ouverture d'un message.

Champs from

(Voir champs expéditeur).
Champs objet Intitulé d'un message apparaissant dans la file d'attente des messages du logiciel de messagerie électronique. Dans un usage commercial, l'objet

d'un e-mail est fondamental car c'est lui qui est normalement lu en premier lieu et conditionne en grande partie l'ouverture ou non d'un message.

Charte d'adressage

Les chartes de nommage ou d'adressage sont utilisées par les directions informatiques des entreprises ou organisations pour codifier l'attribution des adresses e-mails aux salariés et autres utilisateurs d'Internet. Certains prestataires recensent et identifient les chartes de nommage des entreprises pour être capables de recomposer une adresse e-mail inconnue à partir du nom, du prénom et de la société.

Charte de nommage

Les chartes de nommage ou d'adresseage sont utilisées par les directions informatiques des entreprises ou organisations pour codifier l'attribution des adresses e-mails aux salariés et autres utilisateurs d'Internet. Certains prestataires recensent et identifient les chartes de nommage des entreprises pour être capables de recomposer une adresse e-mail inconnue à partir du nom, du prénom et de la société.

Ciblage

Action qui permet de ne toucher qu'une partie de la population dans le cadre d'une campagne publicitaire ou d'une opération commerciale. Le but est d'éviter l'audience inutile en concentrant son action sur les clients potentiels. La publicité sur Internet se caractérise notamment par de très fortes capacités de ciblage.

Clic

Action de cliquer sur un bandeau publicitaire ou un lien hypertexte.

Co-abonnement

Procédure par laquelle un Internaute, après avoir validé son inscription à une newsletter sur un site, se voit proposé de cocher une case pour s'abonner également à la newsletter d'un site partenaire et complémentaire. Les accords de co-abonnement sont un bon moyen de recruter des abonnés, notamment sur des thématiques très spécialisées.

Co-registration (Co-abonnement)

Procédure par laquelle un Internaute, après avoir validé son inscription à une newsletter sur un site, se voit proposé de cocher une case pour s'abonner également à la newsletter d'un site partenaire et complémentaire. Les accords de co-abonnement sont un bon moyen de recruter des abonnés, notamment sur des thématiques très spécialisées.

Coût contact

C'est le coût unitaire pour délivrer un message à un destinataire lors d'une campagne. Pour une newsletter, il comprend le coût de création et le coût de diffusion divisé par le nombre de destinataires. Pour une opération de recrutement ou de prospection s'ajoutent les coûts de location du fichier.

Coût d'acquisition

Investissement marketing ou publicitaire consenti en moyenne pour obtenir une transformation lors d'une campagne. La capacité d'Internet à délivrer des indica-

teurs de mesure rend très importante la notion de coût d'acquisition. On parle entre autres de coût d'acquisition client, prospects ou visiteurs. Si une campagne de 10 000 € permet de recruter 200 clients, le coût d'acquisition est de 50 €.

Code d'origine ou clé d'origine

C'est un code figurant sur des documents réponses (coupons, demandes de devis, bon de commandes ...) qui sert à identifier l'action marketing (canal, support, date) ayant provoqué la réponse. Dans le cadre de l'e-mail marketing, ce code peut figurer sur des documents réponses de type coupon à imprimer, mais également être inséré de façon visible ou invisible sur les liens hypertextes utilisés pour répondre à l'offre par un clic. Ces codes sont ensuite « trackés » sur les serveurs du prestataire e-mail ou de l'annonceur.

Commande verify

La commande verify est une commande permettant d'interroger un serveur de messagerie S.M.T.P. pour s'assurer de la validité d'une adresse au sein du domaine du serveur. Elle est de plus en plus désac-

tivée par les administrateur de serveurs car elle est utilisée par les spammeurs ou les détenteurs de fichiers pour vérifier la validité de leurs adresses.

Compilation

Procédure qui permet de créer un fichier plus important et / ou plus riche à partir de la compilation de fichiers issus de différentes sources.

Concepteur graphique (Créatif)

Il s'agit généralement d'un infographiste qui travaille sur l'aspect visuel d'un bandeau ou d'un e-mail en choisissant ou créant des images (photos, illustrations) et en définissant la charte graphique du message. Pour les créatifs d'agences habitués à travailler pour la publicité ou le marketing direct postal, toute la difficulté réside dans la prise en compte adéquate des contraintes liées à Internet (format, espace, taille des fichiers).

Concepteur-rédacteur (copy writer)

Le concepteur rédacteur a la charge de la rédaction des messages commerciaux par e-mail afin d'en optimiser l'efficacité commerciale. Il travaille l'objet et le corps d'un e-mail à travers le choix des mots, du rythme et de la présentation de l'offre. Il dirige également le travail du créatif. Traditionnel dans le domaine du marketing direct postal, le recours à un concepteur rédacteur commence à entrer dans les habitudes dans le domaine des campagnes e-mail ; et comme aux Etats Unis on devrait voir apparaître des concepteurs rédacteurs spécialistes de l'Internet et de l'e-mail plus à même d'en prendre en compte les spécificités.

Contrôle de validité

Processus par lequel on va s'assurer de l'existence d'une adresse e-mail. Ce contrôle peut porter sur la conformité syntaxique de l'adresse ou s'effectuer par interrogation du serveur de messagerie correspondant. En dehors de l'envoi d'un e-mail test, il n'existe pas de méthode infaillible de contrôle de validité.

Conversion

Action de transformer un contact primaire (demande d'information, clic...) en adhésion ou transaction (selon la nature de la campagne). La conversion peut se faire « naturellement » par un argumentaire et une procédure de commande sur les pages de destination* ou être obtenu par un contact ultérieur personnalisé (téléphone, rendez vous ...).

Copywriting

Techniques d'optimisation d'un texte commercial présent sur un site web, une annonce publicitaire ou un e-mail. La maîtrise des techniques rédactionnelles doit permettre d'optimiser les taux de transformation à travers l'usage d'un vocabulaire et d'un mode de rédaction spécifiques.

Courbe de réponses

Une courbe de réponse est une représentation graphique permettant de situer le nombre ou la proportion de réponses obtenue dans la période suivant le déclenchement d'une campagne de marketing direct. Par voie postale, une courbe de retour s'étale sur plusieurs semaines alors que lors d'une campagne d'e-mail, 80% des réponses sont généralement obtenues dans les 48 heures.

Courtier e-mail (Broker)

Ce sont des acteurs dont le but est de conseiller les annonceurs dans le domaine des campagnes de marketing direct. Ils assurent le conseil dans le domaine de la recherche et de la sélection de fichiers de marketing direct en établissant des plans fichiers. Certains courtiers peuvent également avoir négocié une exclusivité avec les propriétaires pour la location de certains fichiers e-mails. Les courtiers traditionnels ont naturellement intégrer une activité dans le domaine de l'e-mail marketing.

CPA (Coût par action)

Le coût par action désigne un mode de rémunération qui consiste à payer un site support ou un loueur de fichier proportionnellement au nombre d'actions enregistrées. Ces actions peuvent être des clics, des visites, des formulaires complétés,...

CPC

Le Coût par clics désigne un mode de rémunération qui consiste à payer un site support ou un loueur de fichier proportionnellement au nombre de clics enregistrés.

CPL

(Le coûts par lead).
désigne un mode de rémunération qui consiste à payer un site support ou un loueur de fichier proportionnellement au nombre de contact commerciaux enregistrées.

Créatif (Concepteur graphique)

Il s'agit généralement d'un infographiste qui travaille sur l'aspect visuel d'un bandeau ou d'un e-mail en choisissant ou créant des images (photos, illustrations) et en définissant la charte graphique du message. Pour les créatifs d'agences habitués à travailler pour la publicité ou le marketing direct postal, toute la difficulté réside dans la prise en compte adéquate des contraintes liées à Internet (format, espace, taille des fichiers).

Création de trafic

Il s'agit d'une campagne dont le but est de générer des visites sur un site web sans forcément avoir un objectif de transformation immédiate. Le but est de faire découvrir un site ou un service ou de générer des revenus publicitaires.

Création de trafic off line

Il s'agit d'une campagne d'e-mail marketing ayant pour but de créer du trafic en points de ventes, sur un salon ou en concessions. Il s'agit généralement de campagnes promotionnelles (primes, réductions) ou de campagnes de lancement (nouveau parfum, nouveau modèle automobile ...).

D

Dédoublonnage

Le dédoublonnage permet d'éliminer les doubles ou triples entrées dans une même base. Par simplicité et parce que les bases ne comprennent pas toujours des données nominatives et les adresses, le dédoublonnage se fait encore couramment sur l'adresse e-mail.

Déduplication

La déduplication permet d'éliminer les doublons après une opération de compilation* de plusieurs fichiers. Il s'agit d'éviter de louer plusieurs fois la même adresse pour éviter des coûts inutiles et une répétition dommageable des envois chez le destinataire.

Déduplication d'enrichissement

La déduplication d'enrichissement est la confrontation d'une base de départ à une base plus qualifiée, ce qui permet d'enrichir le profil des éléments en doublons. Si les champs disponibles le permettent, il est ainsi théoriquement possible de procéder à une déduplication d'enrichissement en confrontant un fichier e-mail qualifié au fichier d'une mégabase comportementale.

Désabonnement

Action par laquelle un abonné à une newsletter met fin à son abonnement en sui-

vant les procédures de désabonnement plus ou moins automatisées qui figurent normalement sur chaque message reçu ou en s'adressant directement à l'émetteur de la newsletter.

Désabonnement virtuel

Phénomène par lequel un abonné ne lira plus les newsletters d'un émetteur sans pour autant suivre les instructions de désabonnement. Cela peut se faire simplement en supprimant systématiquement les messages dans le logiciel de messagerie ou par la mise en place d'un filtrage* spécifique.

Deliverabilitté

La délivérabilité ou deliverability désigne la proportion de messages dont l'adresse de destination est valide et qui arrive effectivement dans la boite des destinataires. La délivérabilité des messages a tendance à baisser avec les dispositifs de filtrage anti-spam.

Dictionnary attack

Originellement utilisée pour casser des codes de protection, une attaque dictionnaire est une technique de spam qui consiste à effectuer des envois ou test d'e-mails sur des adresses générées automatiquement par combinaison de lettres ou de chiffres associées à un domaine comprenant de très nombreuses adresses (Yahoo, Hotmail, AOL, Wanadoo,..). Des envois sont ainsi tentés.

Double opt-in

Principe par lequel une demande d'abonnement à une newsletter ne devient effectif qu'après avoir cliqué sur un lien figurant dans un e-mail de confirmation d'enregistrement de la demande d'abonnement. L'idée est de s'assurer que l'individu destinataire est bien à l'origine de l'abonnement.

Droit d'accès

Disposition prévue par la Loi Informatique et liberté du 6 janvier 1978 qui oblige les gestionnaires de fichiers informatiques à laisser la possibilité aux personnes figu-

rant dans un fichier de consulter les données les concernant et de faire modifier ou supprimer certaines données.

E

E-mail appending

Il s'agit des techniques d'enrichissement e-mail qui permettent d'ajouter le champs e-mail dans un fichier client par rapprochement d'un fichier comportant des enregistrements communs et qui est lui même qualifié sur la donnée e-mail. La pratique peut poser des problèmes déontologiques.

E-mail collectif (bus e-mailing)

Message de courrier électronique reprenant plusieurs offres commerciales d'entreprises généralement non concurrentes selon le principe traditionnel du bus mailing. La technique permet de mutualiser les coûts d'une campagne mais l'attention accordée à chaque annonceur est moindre que dans le cas d'un message spécifique.

E-mail de recrutement

Un e-mail de recrutement correspond à une campagne e-mail d'acquisition de prospects ou de recrutement qui se caractérise notamment par le fait que le ou les fichiers utilisés sont loués.

E-mail marketing

Ensemble des usages marketing de l'e-mail. On distingue généralement les usages en acquisition / conquête et les usages relationnel / fidélisation.

E-mail phishing

Escroquerie qui consiste à prendre l'identité d'une entreprise connue et reconnue sur un e-mail pour inciter les destinataires à changer ou mettre à jour leurs coordonnées bancaires sur des pages Internet imitant celles de l'entreprise dont l'image a été utilisée pour l'escroquerie.

E-mail spoofing

Technique de fraude ou de spam qui consiste à usurper l'identité d'une société connue dans le cadre d'une campagne d'e-mail marketing. Cette usurpation se fait en utilisant de fausses adresses d'expéditeur ou de retour.

E-mails rémunéré

Modèle par lequel des internautes sont rémunéré monétairement ou par des points de fidélité pour recevoir des e-mails commerciaux et éventuellement y répondre. Ils peuvent également être rémunérés pour les informations personnelles transmises.

e-robinson

La liste e-Robinson est une liste d'opposition mise en place par la F.E.V.A.D. Elle comporte les adresses e-mails des internautes ne souhaitant pas recevoir de sollicitation commerciale par e-mail et devrait normalement être utilisée comme fichier repoussoir par les membres de la FEVAD avant une campagne d'e-mail marketing.

E.M.S. E-mail Management System

Solution logicielle destinée à automatiser partiellement et à optimiser le traitement des e-mails entrant.

E.R.M.S. (E-mail Routing Management System)

Système de gestion automatisé des e-mails entrants. Ces systèmes qui permettent d'optimiser la gestion des e-mails entrants sont généralement basés sur l'intelligence artificielle.

Early Bird (accélérateur)

Un accélérateur ou « early bird » est une promesse de prime ou d'avantage supplémentaire qui a pour but de favoriser une réponse rapide à un publipostage. Ex « Les cent premières réponses se verront remettre un tee-shirt » ou « Toute réponse avant le .. ». Il peut être utilisé dans le cadre de campagnes d'e-mail marketing ou sur des pages web de transformation.

Echantillon (test)

Portion d'un fichier sélectionnée en vue de réaliser un test lors d'une campagne. Pour une campagne e-mail, différents échantillons peuvent être créés pour tester des objets, formulations ou offres différentes et mesurer les rendements en fonction des choix effectués.

En tête d'un e-mail (header)

Partie d'un e-mail non directement visible par le destinataire comprenant des informations techniques sur le serveur émetteur, le format utilisé, les serveurs relais utilisés, l'expéditeur,... Dans un contexte marketing, le contenu du header est important car il est pris en compte par les solutions de filtrage anti-spam.

Encapsulage

L'encapsulage est un procédé qui consiste à intégrer un fichier vidéo dans une application spécifique pour en permettre la lecture au sein d'un e-mail ou d'un bandeau sans recours à un plug-in. La capsule correspond à la petite interface de lecture du message.

Enrichissement e-mail

Action qui permettent d'ajouter le champs e-mail dans un fichier client par rapprochement d'un fichier comportant des enregistrements communs et qui est lui même qualifié sur la donnée e-mail. La pratique peut poser des problèmes déontologiques.

Expéditeur

Mention apparaissant dans la colonne « de » ou « from » de la plupart des logiciels de messagerie électronique et qui permet au destinataire d'identifier la provenance d'un message. Le contenu du champ tel qu'il apparaît en lecture des messages peut être personnalisé à partir de la solution e-mail émettrice. Il est important de réfléchir soigneusement à cet intitulé car il influence la probabilité d'ouverture du message.

Extracteur Logiciel

Qui permet d'extraire toutes les adresses électroniques présentes sur des sites ou des forums. Ce type de logiciel est souvent utilisé par des adeptes du spam ou des loueurs d'adresses peux scrupuleux. Ce type de logiciel permet aussi généralement les envois massifs d'e-mails.

F

Faux positif (false positive)

Un faux positif est un message légitime qui est rejeté ou filtré à tort par les dispositifs anti-spam. Avec la levée de bouclier des fournisseurs d'accès ou gestionnaires de messagerie liée à l'ampleur du phénomène du spam, les faux positifs ont tendance à devenir plus nombreux et à gêner les diffuseurs légitimes (routeurs et annonceurs).

Fenêtre de Prévisualisation

Il s'agit de la fenêtre présente par défaut dans Outllook ou la partie haute d'un message sélectionné ou en tête de file est visualisé partiellement même si il n'y a pas ouverture. Cette fonctionnalité est à prendre en compte dans l'appréhension des taux d'ouverture et dans la rédaction des e-mails.

Fichier

C'est l'élément de base d'une campagne de marketing direct. Un fichier est compo-

sé d'enregistrements eux-mêmes composés de différents champs. Le fichier comprend le ou les champs permettant la diffusion (champs e-mail) mais également ceux permettant d'opérer le ciblage ou la personnalisation.

Fichier attaché

Un fichier attaché est un fichier informatique envoyé en même temps qu'un message de courrier électronique. Il peut prendre n'importe quelle forme (texte Word, fichier Excel, image, son, etc.). Son usage dans une campagne marketing peut être mal ressenti par les destinataires et la pièces jointe peut être filtrée par les firewalls.

Fichier opt-in

Fichier d'internautes ayant clairement exprimé leur souhait de recevoir des offres commerciales par e-mail correspondant à leurs centres d'intérêt. Ces listes sont crées par différents acteurs à des fins de location de fichiers aux annonceurs.

Fichier opt-out

Liste de diffusion de courrier électronique à vocation commerciale composée d'adresses électroniques de personnes n'ayant pas expressément exprimé la volonté de figurer sur cette liste mais qui pourrons le faire lors du premier envoi. Les fichiers e-mails B to B des organisateurs de salons professionnels sont généralement des fichiers opt-out dans la mesure ou ils sont composés de fiches d'entrées aux salons sans que les visiteurs aient expressément souhaité recevoir des offres. Les fichiers opt-out devraient normalement disparaître au printemps 2003 avec un texte de loi imposant la pratique de l'opt-in.

Fichier repoussoir

C'est un fichier comportant les individus qu'on ne souhaite pas toucher lors d'une campagne. Il peut s'agir par exemple de la liste des clients actuels pour une opération promotionnelle de recrutement, de la liste E-Robinson ou d'une liste de personnes ayant signalé à l'entreprise qu'elles ne souhaitaient plus recevoir d'offres commerciales par e-mail.

Filtrage des e-mails

Les techniques de filtrage des e-mails sont mises en place pour limiter l'encombrement des boites et serveurs par les messages de spam. Le filtrage peut être fait ou niveau du fournisseurs d'accès, du fournisseur de boîtes (webmail) ou au niveau du destinataire final. Les techniques rédactionnelles d'un e-mail doivent prendre en compte les procédures de filtrage pour éviter le bloquage d'un e-mail commercial légitime.

Firewall (Pare feu)

Solution logicielle utilisée par les FAI ou responsables réseau d'entreprises pour empêcher l'entrée de certaines informations ou des intrusions sur un réseau interne. La configuration de certains firewall peut parfois empêcher le bon acheminement de fichiers ou animations utilisés dans le cadre d'une action marketing (publicité et e-mail).

Follow up

Action qui consiste le plus souvent à reprendre téléphoniquement contact avec un prospect suite à un premier contact commercial. Un follow up téléphonqiue à destination des cliqueurs peut par exemple suivre une campagne e-mail B to B ou un e-mail faire office de follow up après un contact salon (avant un appel téléphonique).

Format AOL

Format de message e-mail qui utilise des balises HTML permettant au message d'être lu correctement par les abonnés d'AOL qui n'utilisent pas les versions postérieures à AOL 6. Ce format permet de s'assurer qu'un message HTML sera correctement reproduit à la lecture et que les liens HTML seront actifs. Ce format est appelé à disparaître.

Format flyer

Format de création utilisé dans la création d'un e-mail et qui prend la forme d'un visuel rectangulaire qui est affiché en totalité dans l'espace de visualisation d'un message sans utilisation des barres de défilement. Le format flyer permet une appréhension visuelle quasiment instantanée de l'offre.

Format HTML

Format d'e-mail utilisant les capacités de codage HTML pour assurer une meilleure mise en forme et mise en valeur du texte ainsi que l'usage d'images permettant d'accentuer l'impact commercial du message. Les images insérées dans l'e-mail sont positionnées sur le serveur du prestataire ou de l'annonceur et appelées pour affichage à l'ouverture du message.

Format texte

Format d'e-mail n'utilisant que du texte brut sans possibilité de mise en forme particulière. Ce format présente une pauvreté de présentation mais ne pose aucun problème de compatibilité en lecture.

H

Hard bounce

Il s'agit d'un messages d'erreur ou d'échec définitif envoyé par le serveur du domaine destinataire d'un message au serveur de messagerie émetteur de la campagne d'e-mailing. Un hard bounce correspond par exemple à une erreur sur les parties « nom » ou « domaine » d'une adresse e-mail.

Header (en tête)

Partie d'un e-mail non directement visible par le destinataire comprenant des informations techniques sur le serveur émetteur, le format utilisé, les serveurs relais utilisés, l'expéditeur,... Dans un contexte marketing, le contenu du header est important car il est pris en compte par les solutions de filtrage anti-spam.

Honey pot (pot de miel)

Terme désignant à l'origine une technique destinée à attirer et à piéger des pirates informatiques sur un serveur. Dans le domaine de l'e-mail, la technique du pot de miel consiste à créer des adresses pièges pour identifier des pratiques de spam. Ces adresses sont par exemple placées sur un forum et n'ont jamais été communiquées dans un autre contexte. Tout envoi sur ces adresses est donc un spam effectué à partir de l'aspiration de l'adresse sur le forum. Le pot de miel peut également être un serveur relais laissé apparemment ouvert pour piéger des spammeurs.

HTML light

Format d'e-mail qui consiste à utiliser le format HTML pour pouvoir améliorer la disposition du texte et utiliser des couleurs, sans pour autant utiliser des images qui pourraient gêner une lecture hors connexion.

HTML miroir

Un message miroir est une version en ligne d'un courrier électronique au format HTML vers laquelle peuvent se reporter les destinataires ne parvenant pas à lire le message dans leur logiciel de messagerie. Certaines sociétés font systématiquement figurer en haut de leurs e-mails HTMl un lien d'accès vers le message miroir.

Hygiène de fichier

Ensemble des procédures entreprises pour garantir la qualité des adresses d'un fichier. Dans un contexte e-mail, les principes d'hygiène d'un fichier consistent essentiellement à gérer les désabonnements et les bounces.

I

Incitive

Prime en nature ou en espèce qui a pour but de favoriser les réponses à un message commercial ou une enquête. Elle peut être attribuée à chaque répondant ou tirée au sort. Lutilisation d'un incentive peut parfois notablement influencer la qualité des réponses obtenues.

Ingénierie virale

L'ingénierie virale désigne l'ensemble du dispositif technique qui vise à faciliter et à encourager les actions de recommandation lors d'une campagne de marketing viral ainsi que le dispositif de reporting permettant à l'annonceur ou à son agence de mesurer au moins une partie des résultats d'une campagne.

Intégration

Dans le cadre d'une campagne d'e-mail marketing, l'intégration correspond au travail permettant d'incorporer les différents éléments visuels créés par les graphistes dans un document HTML en transformant notamment les fichiers graphiques pour qu'ils soient compatibles.

J

Junk e-mail (Synonyme de spam)

L

Label (patte blanche)

Le label « patte blanche » est un procédé de filtrage créé dans le cadre de la lutte contre le spam. En échange du respect d'un charte de déontologie lié au permission marketing, un annonceur ou un routeur d'e-mail va pouvoir utiliser contre redevance un label proposé par un tiers de confiance / certificateur. Le label est le plus souvent un code invisible pour le destinataire, mais il permet au message e-mail de ne pas être filtré par les FAI, Webmails ou autres organisations utilisant le système.

Logiciel ou service ASP

Logiciel basique qui permet d'automatiser les tâches répétitives (abonnements, dé-

sabonnements, etc.) liées à la gestion d'une liste de diffusion.

Landing page (Page de destination ou de renvoi)

La landing page est la page web vers laquelle renvoie un lien hypertexte proposé dans le corps d'un e-mail commercial ou dans un objet publicitaire. La ou les page(s) de destination jouent un rôle clé et souvent sous-estimé dans une campagne, car ce sont elles qui doivent assurer la transformation post-clic. Elles doivent le plus souvent être conçues spécialement pour une campagne et testées soigneusement.

Lead

Contact commercial obtenu à partir d'une campagne marketing. Internet est un canal très efficace de collecte de leads qualifiés, car il facilite la réactivité et le recueil de l'information à travers des formulaires.

Lettre d'information (newsletter)

Appellation générique désignant un e-mail à vocation commerciale diffusé le plus souvent selon un rythme régulier à une population d'abonnés ayant laissé leur adresse e-mail à cet effet. La lettre d'information peut regrouper simplement des offres produits, posséder un contenu éditorial en relation avec l'univers de consommation considéré ou posséder un caractère mixte.

Lien avec U.R.L. cache

Un lien avec U.R.L. cachée est un lien hypertexte formé d'une U.R.L.qui n'apparaît pas tel quel dans le corps du message. Ill n'apparaît que sous la forme d'un texte souligné reprenant l'intitulé du lien. Les liens avec U.R.L. cachées ne peuvent être utilisés que dans un e-mail H.T.M.L et sont plus esthétiques.

Lien interne

Il s'agit d'un lien qui ne pointe pas vers un autre document mais vers une autre partie du document dans lequel il se trouve. Les liens internes présentent un intérêt en sommaire du corps d'un e-mail relativement long ou sur une FAQ car ils permet-

tent un accès direct à l'information intéressant le lecteur.

List management

Activité proposée par un courtier ou une régie, qui en allant au-delà du simple courtage permet d'accompagner le propriétaire d'une ou plusieurs listes de diffusion dans le processus de valorisation de ses fichiers (extension, enrichissement, mise à jour).

Liste d'alerte

Ensemble de destinataires ayant souhaité recevoir des e-mails leur annonçant la disponibilité d'un produit (sortie d'un livre, offre sur un voyage ...) ou service leur rappelant une date clé dans la phase de vie d'un produit (mise à jour, révision ...).

Liste de discussion

Les listes de discussion sont un peu l'équivalent des forums, mais par courrier électronique. Chaque abonné reçoit automatiquement tous les messages envoyés à la liste par les abonnés désirant intervenir dans les débats. Les envois peuvent se faire message par message ou sous forme de digest. La majorité des listes sont modérées par une personne appelée modérateur qui filtre les envois et qui est souvent à l'origine de la création de la liste.

M

Mégabases comportementales

Ce sont des bases de données comportementales obtenues par envoi postal d'un questionnaire à des millions de ménages. Les questionnaires comportent en général plus de 200 questions sur les habitudes de consommation et l'équipement des ménages. Les conceptrices louent ensuite aux entreprises des fichiers très qualifiés. Les grands acteurs comme Consodata ou Claritas travaillent sur la possibilité de contacter par e-mail dans un cadre opt-in les ménages répondant au questionnaire.

Mail Bomb

Réaction agressive à l'envoi d'un e-mail commercial non sollicité qui se traduit par l'envoi d'un ou plusieurs fichiers très volumineux à l'émetteur du message.

L'objectif est de saturer le ou les serveur(s) de l'émetteur.

Mailer Daemon

Mailer Daemon est une signature par défaut très courante d'un message d'erreur (bounce) envoyé par le serveur de messagerie destinataire.

Automation marketing

Techniques d'automatisation qui permettent le déclenchement et le déroulement de campagnes marketing quasiment sans intervention humaine. L'e-mail se prête particulièrement bien à des actions de marketing automatisé avec des séquences de messages pouvant suivre un téléchargement, une demande de documentation ou être liées à une date anniversaire.

Marketing de l'attention

Principe par lequel des individus sont rémunérés pour lire, recevoir, ou réagir à des messages publicitaires. La rémunération est proposé par un éditeur de base de données qui loue sa base à des annon-

ceurs. Les différents modèles ne rencontrent pas le succès car les annonceurs s'interrogent fortement sur la qualité des contacts proposés.

Marketing de la permission

Principe marketing popularisé par Seth Godin, par lequel il convient de demander à un internaute son autorisation avant de le solliciter commercialement et qui prône la mise en place d'une relation de qualité et de confiance avec l'internaute. L'internaute se transforme ainsi en ami puis en client. Le principe de l'opt-in est un des éléments de base du permission marketing.

Marketing one to one

Personnalisation des actions de promotion et de communication marketing en fonction des attentes et du profil de chaque client ou prospect. A chaque individu doit correspondre une action ou une offre particulière, éventuellement unique. Le marketing one to one va au delà d'une simple personnalisation nominative de la communication et ses pratiques s'enrichissent dans la durée par la relation d'apprentissage. Par son caractère numérique facilitant la personnalisation et sa capacité à collecter des informations, le support Internet est particulièrement propice aux actions de marketing one to one.

Marketing personnalisé

Personnalisation des actions de promotion et de communication en fonction du profil de chaque client. Le marketing personnalisé reste plus modeste dans ses pratiques que le one to one car la personnalisation se fait souvent uniquement au niveau de la personnalisation, l'offre peut être commune à la cible ou à un segment (one to few).

Marketing relationnel

Action par laquelle l'entreprise bâti une relation continue et régulière avec ses clients (ou prospects) en dehors des relations ponctuelles de ventes. Cette relation permet d'améliorer la proximité client-entreprise et prend toute sa valeur lorsque les contacts générés ne sont pas uniquement des offres commerciales mais délivrent une valeur sous forme de contenus ou services. L'e-mail et le web sont des canaux privilégiés du marketing relationnel.

Message miroir

Un message miroir est une version en ligne d'un courrier électronique au format HTML vers laquelle peuvent se reporter les destinataires ne parvenant pas à lire le message dans leur logiciel de messagerie. Certaines sociétés font systématiquement figurer en haut de leur e-mails HTMl un lien d'accès vers le message miroir.

Micro-publipostage

Un micro-publipostage est un publipostage comportant un nombre d'envois très faible (quelques dizaines). L'utilisation du courrier électronique rend plus envisageable cette pratique sur u plan économique car il réduit considérablement les coûts fixes.

MIME (Multi-purpose Internet Mail Extensions)

Protocole de gestion du courrier électronique permettant d'envoyer d'autre éléments que du texte (fichier html, images,..).

Mini-site

Ensemble de pages internet spécifiquement développé pour servir de landing page lors d'une campagne de publicité ou de marketing direct sur Internet. Les mini-sites sont souvent développés en Flash pour des démonstrations ou argumentation produit.

Multipart (mode)

Mode d'expédition d'un message e-mail qui permet d'envoyer simultanément deux versions d'un message, l'une au format H.T.M.L., l'autre au format texte brut. Si la messagerie utilisée par le destinataire le permet le message est affiché au format H.T.M.L. sinon il s'affiche au format texte. Le format multipart peut poser parfois des problèmes de lecture, notamment dans un environnement Lotus Notes.

N

N.P.A.I. (N'habite pas à l'adresse indiquée)

Acronyme qui signifie que le courrier postal n'a pu être distribué en raison d'une erreur portant sur l'adresse. Dans le cadre d'une campagne e-mail, les NPAI qui peuvent être d'origines plus diverses sont appelés des bounces.

Normalisation des fichiers

Traitements informatiques permettant de remettre des adresses aux normes postales pour limiter le nombre d'erreurs et obtenir un tarif d'affranchissement plus avantageux. Pour l'e-mail, des procédures de traitement automatique des adresses erronées portant notamment sur le nom de domaine peuvent être assimilées à un travail de normalisation.

O

Objet

Intitulé d'un message apparaissant dans la file d'attente des messages du logiciel de messagerie électronique. Dans un usage commercial, l'objet d'un e-mail est fondamental car c'est lui qui est normalement lu en premier lieu et conditionne en grande partie l'ouverture ou non d'un message.

Obsolescence

Phénomène par lequel un fichier perd de sa valeur et qui est dû au vieillissement des données qui ne sont pas forcément actualisées. On considère généralement qu'un fichier e-mail perd de 20 à 30 % de sa valeur à cause des changements d'adresses liés aux changements d'adresses professionnelles et aux changement de fournisseurs d'accès.

Opt-in, pure ou actif

Il s'agit de la pratique préconisée par les puristes du « permission marketing ». Elle recouvre essentiellement deux cas de figure. Dans un cas, l'internaute donne volontairement et spécifiquement son adresse et éventuellement d'autres données pour recevoir des e-mails commerciaux. Dans l'autre cas, il fait la démarche explicite de cocher une case après avoir rempli un formulaire n'ayant pas directement trait à l'abonnement (jeux concours, livraison, etc.) pour s'abonner par la même occasion à une newsletter qui lui est proposée ou à des offres de partenaires.

Opt-in liste

Liste de diffusion de courrier électronique composée d'adresses électroniques de personnes ayant clairement exprimé leur volonté de figurer sur cette liste. La liste peut appartenir à une entreprise qui l'utilise à des fins de fidélisation ou d'animation commerciale ou être créée par un spécialiste des fichiers à des fin de location des adresses e-mails.

Opt-in passif

Pratique qui consiste à placer en dessous d'un formulaire une case précochée d'abonnement à la newsletter. Si l'internaute ne décoche pas la case, il se retrouve abonné. Pour les puristes il ne s'agit pas réellement d'une pratique d'opt-in dans la mesure où l'abonnement ne résulte pas forcément d'une volonté de recevoir les messages mais souvent du fait que l'internaute n'ait pas eu conscience du « choix » qui lui était proposé, notamment lorsque la case à cocher est trop discrète.

Opt-out list

Liste de diffusion de courrier électronique à vocation commerciale composée d'adresses électroniques de personnes n'ayant pas expressement exprimé la volonté de figurer sur cette liste mais qui pourrons le faire lors du premier envoi. Les fichiers e-mails B to B des organisateurs de salons professionnels sont généralement des fichiers opt-out dans la mesure ou ils sont composés de fiches d'entrées aux salons sans que les visiteurs aient expressément souhaité recevoir des offres. Les fichiers opt-out devraient normalement disparaître au printemps 2003 avec un texte de loi imposant la pratique de l'opt-in.

Overkill

Phénomène par lequel on supprime des enregistrements considérés à tort comme des doublons parce que certains champs ont un contenu identique (homonymes, adresses identiques ...).

P

P.O.P

Post Office Protocole, protocole de messagerie électronique par lequel un internaute peut rapatrier sur son poste son courrier à partir des serveurs de son fournisseur d'accès ou de son service de webmail.

Pare feu (firewall)

Solution logicielle utilisée par les FAI ou responsables réseau d'entreprises pour empêcher l'entrée de certaines informations ou des intrusions sur un réseau interne. La configuration de certains firewall peut parfois empêcher le bon acheminement de fichiers ou animations utilisés dans le cadre d'une action marketing (publicité et e-mail).

Permission marketing

Principe marketing popularisé par Seth Godin, par lequel il convient de demander à un internaute son autorisation avant de le solliciter commercialement et qui prône la mise en place d'une relation de qualité et de confiance avec l'internaute. L'internaute se transforme aisni en ami puis en client. Le principe de l'opt-in est un des éléments de base du permission marketing.

Phishing

Escroquerie qui consiste à prendre l'identité d'une entreprise connue et reconnue sur un e-mail pour inciter les destinataires à changer ou mettre à jour leurs coordonnées bancaires sur des pages Internet imitant celles de l'entreprise dont l'image a été utilisée pour l'escroquerie.

Pixel tag

Petite image d'un pixel insérée dans un message e-mail HTML qui n'est pas vue par le destinataire mais qui permet de mesurer l'ouverture du message. Un pixel tag peut être également utilisé pour la mesure d'audience distante.

Plan fichier

Choix des fichiers effectué par l'annonceur, une agence ou un broker en fonction des objectifs de ciblage lors d'une campagne de marketing direct.

Plan test

Il s'agit de l'ensemble des tests pouvant être effectués avant ou pendant le déroulement d'une campagne d'e-mail marketing. Le plan test regroupe l'ensemble des variables à tester et le planning de déroulement des tests qui permet de tester de manière indépendante et exploitable les variables.

Plate-forme de diffusion

Une plate forme de diffusion d'emails regroupe l'ensemble du dispositif technique (serveurs, liaisons spécialisées) permettant l'envoi et le tracking en grand nombre des messages e-mails. Les acteurs internationaux spécialisés utilisent souvent une plate-forme de diffusion unique pouvant centraliser les envois pour plusieurs représentations commerciales nationales.

Pot de miel

Terme désignant à l'origine une technique destinée à attirer et à piéger des pirates informatiques sur un serveur. Dans le domaine de l'e-mail, la technique du pot de miel consiste à créer des adresses pièges pour identifier des pratiques de spam. Ces adresses sont par exemple placées sur un forum et n'ont jamais été communiquées dans un autre contexte. Tout envoi sur ces adresses est donc un spam effectué à partir de l'aspiration de l'adresse sur le forum. Le pot de miel peut également être un serveur relais laissé apparemment ouvert pour piéger des spammeurs.

Potentiel d'un fichier

Le potentiel d'un fichier désigne le nombre d'enregistrements présents dans le fichier. Dans le contexte du marketing direct, l'usage du terme potentiel n'est pas lié à la qualité du fichier et à sa capacité à délivrer des résultats lors d'une campagne.

Profiling

Action de collecter des informations relatives aux profils des internautes à partir de leurs réactions aux e-mails (liens utilisés) et de leur comportement de navigation. Lorsque l'information est déclarative, on parle davantage de qualification. La notion de profiling englobe cependant souvent ces deux aspects (comportemental et déclaratif). Le profiling peut être nominatif ou anonyme (les données de profils ne sont pas reliées à un nom mais uniquement à un cookie).

R

R.F.M.

Méthode de segmentation utilisée en VPC pour les opérations de marketing direct qui établit des segments de clients à partir de la Récence des achats, de leur Fréquence et de leurs Montants.

Redirect publicit

Principe par lequel un internaute ayant cliqué sur un lien passe temporairement et souvent sans s'en rendre compte sur une page intermédiaire avant d'arriver sur la landing page. C'est ce passage transparent sur les serveurs d'un prestataire qui permet le calcul des taux de clics sur un bandeau ou un e-mail. Il peut également y avoir un système de redirect entre un serveur publicitaire et le serveur d'un agence pour que celle-ci puisse contrôler la campagne ou délivrer elle même l'objet publicitaire.

Relance

Action qui consiste à relancer les destinataires d'un e-mail n'ayant pas réagi à une première sollicitation. Le coût de l'e-mail permet des actions de relances peu onéreuses lorsqu'on travaille sur un fichier interne. Il est ainsi souhaitable de faire une relance par e-mail à des clients n'ayant pas encore utilisé un bon de réduction transmis par le même canal. L'offre peut être analogue ou son attractivité renforcée par un avantage supplémentaire.

Reminder

Procédure d'alerte par courrier électronique qui permet d'alerter un client quelques jours avant une date précisée par lui-même (anniversaire) ou un événement du calendrier sélectionné (Saint Valentin). Surtout utilisé par les commerces électro-

niques vendant des articles souvent offerts (fleurs, disques, livres, cadeaux, etc..).

Repasse

Relance effectuée sur un fichier loué, la relance peut se faire uniquement sur les individus ayant cliqué mais pas transformé. La pratique d'une repasse doit être négociée avant la campagne.

Reporting

Dans le cadre d'une campagne publicitaire en ligne ou d'une campagne e-mail, le reporting est le fait de communiquer à l'annonceur les résultats de sa campagne (audience, taux de clics,etc..). Par une interface web le reporting peut se faire quasiment en temps réel.

Requalification de fichiers

Cette opération consiste à vérifier la véracité et l'actualisation des informations contenues dans un fichier (adresse, nom, prénom, fonction ...). Elle s'effectue le plus souvent par téléphone et son coût la réserve en principe à des fichiers B to B. L'e-mail lui-même, par sa capacité d'interactivité et l'utilisation des formulaires, peut être un canal intéressant de qualification. Une opération de qualification est souvent liée à une démarche d'enrichissement.

Reverse appending

Opération par laquelle on cherche à obtenir une adresse postale et éventuellement un nom pour les enregistrements d'un fichier e-mail. Le reverse appending se fait par rapprochement auprès d'un autre fichier comportant en partie les mêmes individus et les champs de qualification recherchés.

Routage

Dans le cadre d'une campagne postale, c'est l'ensemble des opérations (mise sous plis, tri, affranchissement, dépôt, etc.) préalables à un envoi. Pour une campagne e-mail, il s'agit de l'action de diffusion des messages. Dans un contexte de location des fichiers e-mails, le routage est souvent effectué par une société qui joue le rôle technique de diffuseur mais également un rôle de tiers de confiance.

Routeur

Prestataire de services spécialisé dans le domaine du marketing direct qui effectue les opérations de routage. Par analogie, les spécialistes de l'envoi d'e-mails en nombre sont également souvent appelés des routeurs. Les opérations sont cependant très différentes entre l'email et le postal et les spécialistes de la diffusion d'e-mail, ne venant pas du marketing direct traditionnel, ne se reconnaissent pas en général sous cette appellation.

S.M.T.P. « Simple mail transfert protocol »

Protocole de transfert des messages de courrier électroniques. utilisé pour la messagerie électronique de l'Internet.

S

S.N.C.D.

Le syndicat national de la communication directe est une organisation professionnelle regroupant les acteurs du marketing direct. Le S.N.C.D. comprend notamment une commission e-direct dédiée aux pro-

blématiques du marketing direct par e-mail.

Sélection aléatoire

Processus de sélection et d'extraction d'enregistrements à des fins de tests reposant sur le hasard. La sélection aléatoire assure la représentativité de l'échantillon indispensable à la conduite de tests. La plupart des solutions professionnelles d'e-mail marketing comprennent une fonction d'échantillonnage aléatoire.

Score de segmentation

Score appliqué à un client ou prospect en fonction des données de profils et de comportement disponibles. Sur un secteur d'activité donné, plus le score est important plus la probabilité de réponse favorable à une offre est forte. Le score peut être également utilisé pour évaluer des probabilités de défaillance dans le domaine financier. Les techniques de scoring sont surtout utilisées dans la banque assurance.

Scoring

Action qui consiste à établir des scores de segmentation à des prospects ou clients.

Serveur SMTP

Serveur informatique affecté au traitement des tâches de gestion du courrier électronique.

Serveur vidéo

Serveur dont les fonctionnalités et la puissance sont optimisées afin de délivrer des contenus vidéo en streaming. Pour éviter d'éventuels temps d'attente, il est conseillé d'utiliser un serveur vidéo pour des campagnes e-mail ou publicitaire utilisant de la vidéo.

Seth Godin

« Gourou » et initiateur du terme de permission marketing, Seth Godin a détaillé dans son livre du même nom la logique et les principes de mise en place d'une politique de permission marketing.

Soft bounce

Il s'agit d'un message d'erreur ou d'échec provisoire envoyé par le serveur du domaine destinataire d'un message e-mail au serveur de messagerie émetteur de la campagne d'e-mailing. Il peut s'agir par exemple d'un message faisant suite à l'indisponibilité temporaire du serveur de messagerie destinataire.

Spam (spamming)

Fléau de l'Internet, le spam désigne l'envoi, généralement massif et non ciblé, de messages commerciaux par e-mail à des individus n'ayant jamais donné leur consentement. Les adresses utilisées pour des actions de spam sont généralement capturées sur Internet par des logiciels spécialisés.

Spam score

Un spam score est un nombre attribué à un message email par un système de filtrage anti-spam en fonction de son contenu. Plus un message contient de mots ou de formulation fréquemment rencontrés dans les spams, plus son spam score est élevé et plus il risque d'être filtré en fonction du réglage du logiciel.

Split-run

Envoi d'un même message par e-mail à plusieurs groupes de destinataires en faisant varier uniquement les éléments dont on souhaite mesurer l'impact (objet, offre,..).Les groupes sont sélectionnés de manière aléatoire pour assurer la viabilité du test.

Sponsoring

Une entreprise peut parrainer un site ou une rubrique particulière d'un site. Si possible le contenu du site doit être en rapport avec l'activité ou l'image de l'entreprise. Dans le cadre du parrainage, la présence de l'annonceur est généralement plus personnalisée et s'intègre dans l'habillage graphique et la relation se fait à moyen ou long terme.

T

Tag de personnalisation

(ou champs de personnalisation) Espace de personnalisation présent dans un e-mail type ou dans le code type d'une page web. Après fusion ou identification du visiteur par le recours à une base de donnée, le contenu personnalisé vient remplacer les champs de personnalisation. « Bonjour [title] [nom] » donnera par exemple « Bonjour Monsieur Durand », [title]et [nom]sont des champs ou tags de personnalisation.

Tag de tracking

Code HTML inséré sur une page qui a pour vocation d'enregistrer le passage d'un internaute. Combiné à l'utilisation d'un cookie, il peut servir à mesurer l'audience ou à mesurer des taux de conversion consécutifs à une campagne de publicité ou d'e-mail marketing. Un tag de tracking placé sur une page de validation de commande peut enregistrer les montants de commande et permettre de mesurer directement le retour sur investissement d'une campagne(R.O.I.).

Tag publicité

Code HTML qui est placé aux différents endroits des pages web ou doivent apparaître des objets publicitaires. La lecture du tag par le navigateur du visiteur provoque une requête de l'objet publicitaire au niveau du serveur publicitaire (ad server). Les tags sont générés par l'adserver puis inclus dans le code HTML des pages supports par le webmaster.

Taux d'ouverture

*Le taux d'ouverture d'une campagne e-mail correspond au ratio ([messages ouverts / messages envoyés ou délivrés] * 100). Il ne peut être obtenu que pour l'envoi d'un e-mail au format HTML. Malgré un certain degré d'inexactitude, le taux d'ouverture est un indicateur clé, dont l'étude attentive permet de tester l'objet des messages ou de constater une érosion de l'attention portée à une newsletter.*

Taux de clics email

Le taux de clics est calculé en rapportant le nombre de clics obtenus lors d'une campagne e-mail au nombre de messages envoyés ou délivrés. Bien que considéré souvent comme l'indicateur de base d'une campagne d'e-mail marketing, il n'est qu'un indicateur de retour primaire. L'importance à attribuer au taux de clics dépend fortement des objectifs de la campagne.

Taux de clics uniques

Le taux de clics uniques reprend la même méthodologie de calcul que le taux de clics, mais ne comptabilise au maximum qu'un clic par destinataire. La différence entre taux de clics uniques et taux de clics bruts peut être importante pour des envois ou un destinataire à une forte probabilité de cliquer sur plusieurs liens, comme par exemple sur les newsletters envoyées par les sites éditoriaux qui proposent des liens vers les articles.

Taux de lecture

Proportion des destinataires d'une campagne e-mail lisant le message. Il est en fait inconnu et il est inexact de l'assimiler au taux d'ouverture. En effet, les messages peuvent être comptés comme ouverts et non lus notamment à cause de la fonction de pré-visualisation des messages d'Outlook.

Techniques rédactionnelles

Techniques d'optimisation d'un texte commercial présent sur un site web, une annonce publicitaire ou un e-mail. La maîtrise des techniques rédactionnelles doit permettre d'optimiser les taux de transformation à travers l'usage d'un vocabulaire et d'un mode de rédaction spécifiques.

Texte mining

Technique permettant d'automatiser le traitement de gros volumes de contenus texte pour en extraire les principales tendances et répertorier de manière statistique les différents sujets évoqués. Les techniques de text mining peuvent être utilisées pour analyser le contenu des e-mails entrant ou les propos tenus sur des forums.

Tiers de confiance

Société jouant un rôle de tiers de confiance dans des opérations de déduplication de fichiers. Certains prestataires de services spécialisés dans le traitement des fichiers peuvent être amenés à se voir confié les fichiers loués par un broker et le fichier repoussoir de l'annonceur pour une opération de déduplication. Certains acteurs spécialisés dans la diffusion des e-mails visent également à jouer ce rôle de tiers de confiance.

Topage

Action qui consiste à « marquer » des enregistrements utilisés lors d'une campagne ou d'un test afin de ne pas les réutiliser pour une même campagne ou au contraire, pour les réutiliser lors d'une relance.

Tunnel

Utilisé sur une landing page, le principe du tunnel consiste à orienter le visiteur le plus rapidement possible vers l'action recherchée (commande, inscription,..). Pour ce faire, on limite les liens vers des contenus ou informations annexes, les seules options proposées ayant trait à l'objectif recherché. On parle de tunnel, car on enferme le visiteur sur un nombre restreint d'actions possibles.

U

Underkill

Procédure de déduplication par laquelle il reste quelques doublons non identifiés dans la base. Une déduplication basée uniquement sur le champ e-mail peut conduire à un phénomène d'underkill dans la mesure où un internaute peut figurer deux fois sur les fichiers avec deux adresses différentes.

User unknown

Message d'erreur, ou soft bounce, reçu après la diffusion d'un message électroni-

que et qui indique que le destinataire du message n'existe pas ou n'est pas connu ou niveau du serveur de messagerie destinataire.

U.C. E.

*(Unsollicited Commercial E-mail)
Acronyme américain désignant un message de spam.*

V

Verify command

La commande verify est une commande permettant d'interroger un serveur de messagerie S.M.T.P. pour s'assurer de la validité d'une adresse au sein du domaine du serveur. Elle est de plus en plus désactivée par les administrateur de serveurs car elle est utilisée par les spammeurs ou les détenteurs de fichiers pour vérifier la validité de leurs adresses.

Visuel

Elément graphique d'un e-mail qui joue un rôle important dans la qualité de présentation du message et de l'offre, et destiné à en augmenter l'impact. Seuls les messages au format H.T.M.L. permettent d'insérer des visuels.

W

White list

Liste d'émetteurs de messages électroniques autorisés dont on laisse passer les messages au niveau d'un dispositif de filtrage anti-spam.

Termes usuels du marketing Internet

sommaire

A	*3*
A.A.C.C (ASSOCIATION DES AGENCES CONSEILS EN COMMUNICATION)	*3*
A.I.D.A.	*3*
A.S.P. (APPLICATION SERVICE PROVIDING / PROVIDER)	*4*
ABANDON DE CADDIE	*4*
ABOVE THE FOLD	*5*
ACCELERATEUR	*5*
ACCESIBILITE PRODUIT	*6*
ACCESS PANEL	*6*
ACCROCHE	*7*
ACHAT DE MOTS CLE	*7*
ACHAT GROUPE	*7*
AD BLOCKER	*8*
AD IMPRESSIONS	*8*

Termes usuels du marketing Internet

AD REQUEST — 8

AD SERVING LATENCY — 9

ADRESSE (URL) — 9

ADRESSE ELECTRONIQUE — 9

ADRESSE IP — 10

ADRESSE IP DYNAMIQUE — 10

ADRESSE IP FIXE — 11

ADRESSE PIEGE — 11

ADRESSE PIEGE (SPAM) — 11

ADRESSE REPONSE — 12

ADSERVER (SERVEUR PUBLICITAIRE) — 12

ADSL — 13

ADVANCE MESSAGE — 13

ADVERGAMING — 14

ADVERTAINMENT — 14

ADWARE — 14

Termes usuels du marketing Internet

AFFILIE	*15*
AFFILIATION	*15*
AFFINITE	*15*
AFFLUENTS	*16*
AGENT CONVERSATIONNEL	*16*
AGENT DE RECOMMANDATIONS	*17*
AGENT INTELLIGENT	*17*
AGENT NAME DELIVERY	*17*
AGENT VIRTUEL	*18*
ALERTE E-MAIL	*18*
ALGORITHME	*19*
ALGORITHME DE CORRECTION	*19*
ALGORITHME DE PERTINENCE	*19*
ALTERNATE TEXT	*20*
ANALYSE DU VERBATIM	*20*
ANALYSE LEXICALE	*21*

Termes usuels du marketing Internet

ANALYSE SEMANTIQUE	***21***
ANALYSEUR DE DENSITE	***21***
ANNONCEUR	***22***
ANNONCEUR CAPTIF	***22***
ANNUAIRE DE RECHERCHE	***22***
APPELE L'ACTION	***23***
APPENDING (ENRICHISSEMENT)	***23***
APPLET	***23***
ARF (MODELE D'HARVEY)	***24***
ASSISTANT D'ACHATS (COMPARATEURS DE PRIX, SHOPBOT)	***24***
ASSOCIATES PROGRAM	***25***
ATTRITION (CHURN)	***25***
ATTRITION CONSTATE	***25***
ATTRITION REELLE	***26***
AUDIENCE	***26***

Termes usuels du marketing Internet

AUDIENCE REACH (COUVERTURE, REACH)	***27***
L'AUDIENCE UTILE	***27***
AUDIT DE CAMPAGNE	***27***
AUDIT DE REFERENCEMENT (AUDIT DE POSITIONNE-MENT)	***28***
AUDIT DE SITE	***28***
AUTO ADMINISTRATION	***29***
AUTO-DEVIS	***29***
AUTOMATION MARKETING (MARKETING AUTOMATISE)	***29***
AUTOPROMOTION	***30***
AUTOREPONDEUR (AUTORESPONDER)	***30***
B.A.T.	***31***
BASE DE DONNEES MARKETING	***31***
BLACK LISTE	***31***
BOUNCES	***32***
BROKER (COURTIER ADRESSES)	***32***

Termes usuels du marketing Internet

BULK E-MAIL — *33*

BUS E-MAILING — *33*

CADEAU TRAFIC — *34*

CALL TO ACTIONS — *34*

CANAL DE REPONSE — *34*

CHALLENGE RESPONSE — *35*

CHAMPS — *35*

CHAMPS DE PERSONNALISATION (OU TAG DE PERSONNALISATION) — *36*

CHAMPS EXPEDITEUR — *36*

CHAMPS FROM — *36*

CHARTE D'ADRESSAGE — *37*

CHARTE DE NOMMAGE — *37*

CIBLAGE — *38*

CLIC — *38*

CO-ABONNEMENT — *38*

Termes usuels du marketing Internet

CO-REGISTRATION (CO-ABONNEMENT)	*39*
COUT CONTACT	*39*
COUT D'ACQUISITION	*39*
CODE D'ORIGINE OU CLE D'ORIGINE	*40*
COMMANDE VERIFY	*40*
COMPILATION	*41*
CONCEPTEUR-REDACTEUR (COPY WRITER)	*41*
CONTROLE DE VALIDITE	*42*
CONVERSION	*43*
COPYWRITING	*43*
COURBE DE REPONSES	*43*
COURTIER E-MAIL (BROKER)	*44*
CPA (COUT PAR ACTION)	*44*
CPC	*45*
CPL	*45*
CREATIF (CONCEPTEUR GRAPHIQUE)	*45*

Termes usuels du marketing Internet

CREATION DE TRAFIC	*46*
CREATION DE TRAFIC OFF LINE	*46*
D	*46*
DEDOUBLONNAGE	*46*
DEDUPLICATION	*47*
DEDUPLICATION D'ENRICHISSEMENT	*47*
DESABONNEMENT	*47*
DESABONNEMENT VIRTUEL	*48*
DELIVERABILITTE	*48*
DICTIONNARY ATTACK	*49*
DOUBLE OPT-IN	*49*
DROIT D'ACCES	*49*
E-MAIL APPENDING	*50*
E-MAIL COLLECTIF (BUS E-MAILING)	*50*
E-MAIL DE RECRUTEMENT	*51*
E-MAIL MARKETING	*51*

Termes usuels du marketing Internet

E-MAIL PHISHING — *51*

E-MAIL SPOOFING — *51*

E-MAILS REMUNERE — *52*

E-ROBINSON — *52*

E.M.S. E-MAIL MANAGEMENT SYSTEM — *52*

E.R.M.S. (E-MAIL ROUTING MANAGEMENT SYSTEM) — *53*

EARLY BIRD (ACCELERATEUR) — *53*

ECHANTILLON (TEST) — *53*

EN TETE D'UN E-MAIL (HEADER) — *54*

ENCAPSULAGE — *54*

ENRICHISSEMENT E-MAIL — *54*

EXPEDITEUR — *55*

EXTRACTEUR LOGICIEL — *55*

FAUX POSITIF (FALSE POSITIVE) — *56*

FENETRE DE PREVISUALISATION — *56*

FICHIER — *56*

FICHIER ATTACHE	*57*
FICHIER OPT-IN	*57*
FICHIER OPT-OUT	*58*
FICHIER REPOUSSOIR	*58*
FILTRAGE DES E-MAILS	*59*
FIREWALL (PARE FEU)	*59*
FOLLOW UP	*59*
FORMAT AOL	*60*
FORMAT FLYER	*60*
FORMAT HTML	*61*
FORMAT TEXTE	*61*
H	*61*
HARD BOUNCE	*61*
HEADER (EN TETE)	*62*
HONEY POT (POT DE MIEL)	*62*
HTML LIGHT	*63*

HTML MIROIR	***63***
HYGIENE DE FICHIER	***63***
I	***64***
INCITIVE	***64***
INGENIERIE VIRALE	***64***
INTEGRATION	***64***
JUNK E-MAIL (SYNONYME DE SPAM)	***65***
LOGICIEL OU SERVICE ASP	***65***
LANDING PAGE (PAGE DE DESTINATION OU DE RENVOI)	***66***
LETTRE D'INFORMATION (NEWSLETTER)	***66***
LIEN AVEC U.R.L. CACHE	***67***
LIST MANAGEMENT	***68***
LISTE D'ALERTE	***68***
LISTE DE DISCUSSION	***68***
MEGABASES COMPORTEMENTALES	***69***

Termes usuels du marketing Internet

MAIL BOMB	**69**
MAILER DAEMON	**70**
AUTOMATION MARKETING	**70**
MARKETING DE L'ATTENTION	**70**
MARKETING DE LA PERMISSION	**71**
MARKETING ONE TO ONE	**71**
MARKETING PERSONNALISE	**72**
MARKETING RELATIONNEL	**72**
MESSAGE MIROIR	**73**
MICRO-PUBLIPOSTAGE	**73**
MIME (MULTI-PURPOSE INTERNET MAIL EXTENSIONS)	**74**
MINI-SITE	**74**
MULTIPART (MODE)	**74**
N.P.A.I. (N'HABITE PAS A L'ADRESSE INDIQUEE)	**75**
NORMALISATION DES FICHIERS	**75**
OBJET	**75**

OBSOLESCENCE	**76**
OPT-IN, PURE OU ACTIF	**76**
OPT-IN LISTE	**77**
OPT-IN PASSIF	**77**
OPT-OUT LIST	**78**
OVERKILL	**78**
P.O.P	**79**
PARE FEU (FIREWALL)	**79**
PERMISSION MARKETING	**79**
PHISHING	**80**
PIXEL TAG	**80**
PLAN FICHIER	**81**
PLAN TEST	**81**
PLATE-FORME DE DIFFUSION	**81**
POT DE MIEL	**82**
POTENTIEL D'UN FICHIER	**82**

Termes usuels du marketing Internet

PROFILING	***82***
R.F.M.	***83***
REDIRECT PUBLICIT	***83***
RELANCE	***84***
REMINDER	***84***
REPASSE	***85***
REPORTING	***85***
REQUALIFICATION DE FICHIERS	***85***
REVERSE APPENDING	***86***
ROUTAGE	***86***
ROUTEUR	***87***
S.M.T.P. « SIMPLE MAIL TRANSFERT PROTOCOL »	***87***
S.N.C.D.	***87***
SELECTION ALEATOIRE	***88***
SCORE DE SEGMENTATION	***88***
SCORING	***89***

Termes usuels du marketing Internet

SERVEUR SMTP	***89***
SERVEUR VIDEO	***89***
SETH GODIN	***89***
SOFT BOUNCE	***90***
SPAM (SPAMMING)	***90***
SPAM SCORE	***90***
SPLIT-RUN	***91***
SPONSORING	***91***
TAG DE PERSONNALISATION	***92***
TAG DE TRACKING	***92***
TAG PUBLICITE	***93***
TAUX D'OUVERTURE	***93***
TAUX DE CLICS EMAIL	***94***
TAUX DE CLICS UNIQUES	***94***
TAUX DE LECTURE	***95***
TECHNIQUES REDACTIONNELLES	***95***

TEXTE MINING	***95***
TIERS DE CONFIANCE	***96***
TOPAGE	***96***
TUNNEL	***97***
UNDERKILL	***97***
USER UNKNOWN	***97***
U.C. E.	***98***
VERIFY COMMAND	***98***
VISUEL	***98***
WHITE LIST	***99***

Tous droits réservés pour tous pays.

Il est interdit, sauf accord préalable et écrit de l'éditeur, de reproduire partiellement ou totalement le présent ouvrage, de le stocker dans une banque de données ou de le communiquer au public, sous quelque forme et de quelque manière que ce soit.

© 2012, John Maathay
Edition : BoD, 12/14 rond-point des Champs Elysées, 75008 Paris
Imprimé par Books on Demand GmbH, Allemagne
ISBN : 9782810604715